Mᵉ DOMMANGET

LE

DERNIER BATONNIER

DES AVOCATS MESSINS

PAR

Charles ABEL

Docteur en droit,
ancien avocat, ancien député, etc.

*Notice lue devant l'Académie de Metz
le 28 Février 1884.*

METZ

Imprimerie DELHALT, place Saint-Louis, 8.

1887

V. ABEL, Photographe amateur.

Mᵉ DOMMANGET

LE

DERNIER BATONNIER

DES AVOCATS MESSINS

PAR

Charles ABEL

Docteur en droit,
ancien avocat, ancien député, etc.

*Notice lue devant l'Académie de Metz
le 28 Février 1884.*

METZ

Imprimerie DELHALT, place Saint-Louis, 8.

1887

Extrait des Mémoires de l'Académie de Metz 1884-1885.

Noble profession que celle de l'avocat ! L'histoire exalte avec orgueil les grands capitaines. Elle révère les législateurs vraiment dignes de ce nom.

Près d'eux elle place les jurisconsultes.

Elle honore les grands magistrats.

A ce noble partage des palmes que l'histoire réserve aux élus de l'intelligence, elle appelle enfin les avocats pour lesquels elle ne se montre pas moins généreuse, pas moins reconnaissante.

Ami de la loi l'avocat vit pour elle, avec elle. Instruit de ses intentions, familier avec son langage, il le fait entendre au barreau, il le rappelle à la distraction, il en précise le sens au jugement qui hésite ; l'ordre renaît, le bien est effectué et l'équité sourit au service que lui a rendu la voix de son soutien.

BERRYER — *(Leçons d'éloquence judiciaire)*.

Le ressort de l'ancien parlement de Paris s'étendait tout le long de la vallée de la Marne. Il s'avançait jusqu'au Barrois, comprenant cette partie de la Champagne qu'on appelle *pouilleuse* depuis des siècles, et que le colonel Suzane, au retour d'une expérience de tir de fusées dangereuses, nous a si bien décrite en 1856. « J'ai été surpris, dit-il, dès « la première vue de reconnaître à des signes cer-« tains que ce pays valait beaucoup mieux que sa « réputation. Non seulement les habitants sont dans « l'aisance, mais ils en conviennent ; chose rare ! « Non seulement ils ont écrit à l'entrée de leurs vil-

« lages : *la mendicité est interdite*, mais ils n'ont
« pas de mendiants ; chose tout à fait extraordinaire !
« Chose plus surprenante encore ! les indigènes pa-
« raissent ne pas connaître les nombreuses variétés
« de voleurs. »

A ce récit humoristique nous devons ajouter que
la capitale de ce bienheureux pays est la ville de
Sainte-Menehould, dont Victor Hugo aurait pu célé-
brer les deux lions en pierre qui gardent le grand
escalier du Palais de justice, comme le grand poète
l'a fait pour leurs voisins de Châlons-sur-Marne.
Cela permet aux juges champenois de pouvoir,
comme les évêques du moyen-âge, avertir le popu-
laire qu'ils rendent la justice *inter leones*.

Non loin de cet escalier monumental demeurait à
Sainte-Menehould, en 1785, le modeste avocat
Jacques-Philippe Dommanget avec sa femme, dis-
crète personne, Louise-Françoise Mouton. Ils avaient
eu pour voisin et ami un autre homme de loi qui
s'appelait Pierre-Nicolas Berryer à la française et
Mittelberger à l'allemande. Né à Sainte-Menehould
en 1757, celui-ci était parti pour Paris en 1780,
protégé par Le Camus, le premier commis du ministre des finances, M. de Calonnes. Il se fit inscrire
au barreau.

On se trouvait bien en ce temps-là d'être homme
de robe à Paris et natif de Sainte-Menehould, parce
que les plaideurs champenois étaient fort aises d'avoir
dans la capitale des compatriotes veillant sur les interminables écritures auxquelles donnaient lieu les
moindres contestations judiciaires. Et on était pro-
cessif dans la Champagne pouilleuse !

Berryer l'ancien ne tarda pas à se faire une spécia-

lité pour la discussion des affaires commerciales (1).
Son exemple appela à Paris les trois autres frères de
Jacques Dommanget qui ne tardèrent pas à percer :
Louis Dommanget comme avocat, Florent Domman-
get comme procureur à la Cour du parlement, et
Jacquet Dommanget comme procureur au bailliage
de la Seine.

Jacques Dommanget resté à Sainte-Menehould eût
une grande joie le 19 Mars 1786. Sa femme le rendit
père d'un fils qu'il appela Jacquet-Philibert et auquel
il se promettait bien de transmettre son cabinet d'a-
vocat.

Logeait dans la maison patrimoniale un chanoine
du chapitre de N.-D. de Châlons, nommé l'abbé
Jullequin. Il était en outre prieur commandataire de
l'abbaye Saint-Remy en Picardie. C'était l'oncle ma-
ternel de Jacquet Dommanget. De manières très dis-
tinguées et d'un esprit très cultivé, ce pieux et sa-
vant ecclésiastique s'attacha de bonne heure à déve-
lopper les germes de l'intelligence de son petit neveu
qui l'amusait par des réparties au-dessus de son âge.

Un jour du mois de Juin 1791, ils étaient appuyés
à une fenêtre du premier étage, se demandant ce
que signifiait le bruit de chevaux traversant les rues
au grand galop. Les paisibles habitants de Sainte-
Menehould ne savaient pas que le colonel du 1ᵉʳ régiment de dragons venait de recevoir un ordre daté
de Metz du 14 Juin 1791 et signé Bouillé, portant
qu'un capitaine de ce régiment devait de suite se

---

(1) On a conservé de lui un bon plaidoyer pour le maire d'Anvers
qui avait été *décrété* de concussion. Il se fit remarquer en 1804
dans la défense du général Moreau, mais fut éclipsé par Dupin
aîné dans l'affaire du maréchal Ney.

rendre à Sainte-Menehould, avec 40 dragons, pour y attendre le 20 et le 21 un convoi d'argent, qui lui serait livré par un détachement du 6e hussards.

Le gouverneur des Trois-Évêchés avait reçu, le jour même, une lettre autographe de Louis XVI commençant par ces mots :

« Mon intention étant de me rendre à Montmédy « le 20 Juin prochain, il est ordonné au sieur Bouillé, « lieutenant-général de mes armées, de placer des « troupes ainsi qu'il le jugera convenable, pour la « sûreté de ma personne et de ma famille... le ren- « dant responsable des ordres qu'il donnera. »

Le 18 Juin, Bouillé était à Montmédy et il en ex- pédiait l'ordre « de faire partir de Varennes, le 20 « Juin, 40 hussards pour aller à Pont-de-Vesle y « attendre un convoi d'argent pour la subsistance des « troupes et l'escorter jusqu'à Sainte-Menehould. »

La famille Dommanget n'était pas la seule qui fût impressionnée par ces mouvements inusités de troupes, et cela pour assurer le paiement de la solde de militaires. Drouet, le maître de poste de Sainte-Menehould, avait un fils qui, sortant des dragons, ne comprenait rien à ces mouvements de cavalerie. Il saisissait encore moins l'ordre reçu de tenir des che- vaux de poste tout préts pour relayer ce fameux convoi d'argent. Il attendait des officiers payeurs, quand, le 20 Juin, passe au galop devant l'hôtel de ville, sur la place de Sainte-Menehould, une chaise de poste dans laquelle s'agitaient des dames russes avec un gros monsieur qui se cachait, tenant un en- fant sur ses genoux. Ils s'arrêtèrent devant l'hôtel de la Poste, qui existe encore dans la rue conduisant à la gare.

Drouet reconnaît le roi qu'il a entrevu à Versailles. Il livre les chevaux de relais, mais il enfourche un cheval de selle et arrive à Varennes avant les fugitifs. On sait le reste. Il fallut relayer au retour à Sainte-Menehould. Louis XVI fut conduit à l'hôtel de ville ; du haut du balcon il se montra à la foule émue, balbutia quelques mots et parla de malentendus. L'avocat Dommanget, accoudé sur les lions de l'escalier, rugissait de colère.

L'élève du chanoine Jullequin, quoique n'ayant que cinq ans, fut frappé de cet événement politique si grave qui s'accomplit sous ses yeux et, à 80 ans, il nous en parlait encore avec l'émotion la plus vive.

Les Dommanget, royalistes de père en fils, gardèrent toujours rancune à leur voisin Drouet de ce qu'on appelait alors un grand service rendu à la patrie. Et, de fait, que serait-il advenu si Louis XVI et Marie-Antoinette étaient rentrés en France à la tête des Autrichiens ? Tout porte à croire que le jeune Dommanget n'aurait pas eu l'occasion de briller au barreau de Metz pendant 50 années, comme nous allons le voir.

Après une vie parcourue avec plus d'éclat que de profit comme avocat, Me Dommanget nous devait répéter plus tard qu'il enviait à Tronchet l'honneur d'avoir été choisi par son Roy pour le défendre et qu'il ne connaissait pas de plus bel exemple à nous citer, à nous jeunes stagiaires, que la conduite de Lamoignon de Malesherbes dont le portrait ornait alors notre salle de conférences au Palais de justice de Metz.

Aussi, quand en 1867 Me Dommanget fut élu président de notre Académie, il choisit pour sujet de

son discours Malesherbes, « l'un des hommes — dit-il
« — qui, dans le dernier siècle, ont contribué à dé-
« finir les droits de la nation et ceux du monarque ;
« lui qui, après avoir été ministre de son Roy, a eu
« l'insigne honneur de courir à sa défense... et nous
« ajouterons lui qui a payé de sa tête cet honneur. »

Il faut lire et relire cette notice de M. Dommanget,
c'est plus qu'un travail académique. On sent que tout
cela est écrit avec le cœur d'un parfait royaliste.
M. Dommanget laisse si bien deviner qu'il aurait
voulu se trouver à la place des illustrations du barreau d'alors. Il semble honteux d'avoir à mettre en
parallèle la noble conduite de Malesherbes avec la
couardise de Target qui, sollicité par l'auguste captif
du Temple, le 12 Décembre 1792, écrivait que « l'é-
« puisement de sa santé le mettait dans l'impossibi-
« lité de remplir une tâche qui aurait réclamé toutes
« ses forces. » Et il signait :

Le républicain TARGET.

« Je dois dire — accentue M. Dommanget — que
« l'opinion publique s'est montrée sévère à l'égard
« de cet avocat et qu'elle n'a point accepté son ex-
« cuse. Il ne faut pas s'en étonner dans un pays
« comme le nôtre, où les sentiments généreux sont
« toujours honorés, quelle que soit l'effervescence
« des passions politiques... »

Après avoir entendu, caché dans une cave, la ca-
nonnade de Valmy, pendant que Dumouriez faisait
de Sainte-Menehould son quartier général pour la
défense de l'Argonne, le jeune Dommanget devait
encore assister au passage d'un autre convoi historique. On était à la fin de Mars 1794. Des officiers

de carabiniers traversèrent les rues de Sainte-Menehould au grand galop, courant après deux voitures où étaient entassées des femmes de tout âge, vêtues de noir. C'étaient les Vierges de Verdun que l'on conduisait devant le tribunal révolutionnaire de Paris, autant dire à l'échafaud. Il fallait un exemple terrifiant.

Ces militaires essayèrent en vain de délivrer ces prisonnières. Ils furent eux-mêmes empoignés par les gendarmes de l'escorte qui, ne sachant qu'en faire, les laissèrent aller raconter leurs exploits à leurs frères d'armes.

M⁰ Dommanget, en se mariant à Metz comme nous allons le raconter, s'est trouvé apparenté à la famille verdunoise Tabouillot, dont une dame et ses deux filles furent compromises. Elles étaient allées, en robes blanches, avec d'autres ferventes royalistes comme elles, offrir à Frédéric-Guillaume, roi de Prusse, des dragées et des bouquets de fleurs quinze jours après la capitulation de Verdun., le 17 Septembre 1792!!! M⁰ Dommanget s'est fait un devoir d'écrire la véritable histoire de la jeune Claire Tabouillot qui, n'étant âgée que de 15 ans, échappa à une condamnation à mort et put épouser à Metz M. Marchal, propriétaire du château de Corny.

« Oui — insiste M⁰ Dommanget — oui Madame
« Tabouillot a péri sur l'échafaud, et si Claire n'en
« a pas franchi les degrés, elle en a été bien près,
« elle a pu toucher cet échafaud dressé pour sa mère
« et ses compagnes. Eh bien! moi j'ai vu Claire
« Tabouillot de 1811 à 1820, pendant neuf années
« de sa vie passées à Metz quand elle avait de 34 à
« 43 ans, voilà ce que je veux répondre à ceux qui,

« par ignorance sans doute, ont nié son histoire et
« à ceux qui, par un sentiment cruel, l'ont travestie
« avec dérision. »

M. Dommanget traçait ces lignes chaleureuses en
1868, et il ne se doutait pas que deux années après
un descendant du roi de Prusse de 1792 viendrait
établir son quartier général au château de Corny, devenu la propriété de M. Olivier Marchal, petit-fils de
Claire Tabouillot.

M. Dommanget fut toute sa vie un franc royaliste,
mais ses convictions politiques l'empêchèrent quelquefois d'apercevoir les événements sous leur vrai
jour. Ainsi, la folie des dames de Verdun qu'on aurait dû punir non point par la mort, mais par une
exposition infâmante, semblait un acte raisonnable à
notre collègue. Dans l'opinion des royalistes d'alors
— a écrit M. Dommanget — l'armée des puissances
coalisées n'avait « passé la frontière sous le com-
« mandement du duc de Brunswick que pour sauver
« le Roy, prisonnier au Temple, rétablir son auto-
« rité et délivrer la France de la tyrannie révolu-
« tionnaire. »

Mais qu'aurait pensé l'austère Mᵉ Dommanget si,
après l'ouverture des portes de Metz épuisée par la
faim en 1870, il avait vu O. Marchal de Corny avec
d'autres dames royalistes de Metz se rendre au château de Corny pour y présenter des mirabelles au
prince prussien qui a dicté notre capitulation ?

Les habitants de Sainte-Menehould purent en 1795
voir Claire Tabouillot ramenée à Verdun dans une
voiture que lui procura... Maximilien Robespierre.

Le jeune Dommanget venait d'entrer au collège où
il recevait les leçons particulières d'un jeune régent

d'études, un sien cousin Jullequin, qui devait finir ses jours en Lorraine à la tête du collège de Dieuze.

La famille Dommanget possédait une ferme dans le voisinage du château de Riocourt, qu'habitait un ancien officier, M. de Chamisso. Il avait eu plusieurs fois l'occasion de consulter l'avocat Jacques Dommanget. Une certaine intimité s'était établie entre leurs enfants, quand ils eurent Jullequin pour répétiteur commun. Le jeune Dommanget vit partir avec regret, en 1796, Adalbert de Chamisso qui avait 15 ans. Il émigra avec son père, devint à Berlin page de la reine de Prusse et se fit journaliste. En 1813, il composait son fameux roman humoristique *Peter Schemyl* ou *l'homme qui a vendu son ombre*. Il resta toute sa vie en correspondance avec Dommanget fils.

En l'année 1800, était créé à Metz un tribunal d'appel pour les trois départements de la Moselle, des Ardennes et des Forêts. L'avocat de Sainte-Menehould, Jacques Dommanget, en fut un des juges. Il vint habiter Metz, place de Chambre, laissant son fils chez l'oncle Jullequin le chanoine.

A la fin du mois d'Octobre 1802, le jeune Dommanget était conduit à Paris par son oncle et par sa mère qui, suivant ses expressions, n'avait pas voulu se séparer de son enfant sans avoir procédé elle-même à son installation et le recommander aux soins de ses beaux-frères.

Philibert Dommanget fut admis comme quatrième clerc dans l'étude de son oncle Jacquet, devenu avoué près le tribunal civil de la Seine.

Les procès étaient nombreux et interminables. On était régi par ce qu'on appela le droit intermédiaire.

Notre collègue ne cachait point qu'il fut tout d'abord effrayé du *tohu-bohu* de la législation et de la procédure d'alors. On entrait dans une époque de transition.

Il n'était plus besoin de subir des examens d'études préalables et d'obtenir un diplôme pour entrer dans la carrière du barreau. Il n'y avait plus devant les tribunaux ni avocats ni avoués attitrés. On n'y voyait que des défenseurs officieux qui s'intitulaient parfois jurisconsultes.

Des énergumènes comme Dumas, le président du tribunal révolutionnaire, avait, en pleine audience, reproché aux orateurs l'inutilité de leurs discours. Un journaliste déclarait que les avocats étaient une superfétation inutile sous une République.

Ces beaux messieurs, sous les verroux à leur tour, se lamentèrent de ce qu'on ne les laissait point communiquer avec un ami, afin de démontrer qu'ils n'étaient pas les gueux que l'on croyait.

Il n'y avait plus d'Universités ni de Facultés de droit. Le jeune Dommanget était bien aise de quitter deux heures par jour l'étude de la rue Guénégaud pour aller assister à des leçons de procédure et de droit romain, que dictaient d'anciens avocats qui s'étaient constitués professeurs libres dans leurs maisons particulières.

Ce ne fut qu'en 1805 que la faculté de droit de Paris fut rétablie, et que les diplômes de licencié en droit devinrent obligatoires pour être magistrat ou avocat.

Une école de droit fut instituée à Coblentz et dans le département de la Moselle on sentit le besoin d'y envoyer ses enfants pour y apprendre l'allemand, tout en suivant des cours faits en langue française.

Le fils d'un huissier de l'ancien bailliage de Bricy
résidant à Rombas, Nicolas Charpentier, se trouva
ainsi, à Coblentz, assis sur les mêmes bancs qu'un
jeune homme né dans un château voisin et qui devait
plus tard se faire un nom dans la diplomatie et s'appeler le prince de Metternich. Il retrouva son camarade de droit à Paris devenu député de la Moselle et
lui déclara qu'il était reconnaissant aux jeunes messins de lui avoir appris le français dans sa jeunesse.

Philibert Dommanget ne put pas tout d'abord profiter de la création de la nouvelle école de droit de
Paris. Après deux ans de cléricature passés à l'ombre
des murs si sombres et si tristes de la rue Guénégaud, il obtint de son oncle la permission de venir
passer quelques jours dans sa famille en 1804.

Et comme il l'a retracé dans des notes laissées à
ses enfants : « il revit enfin son pays natal ; et son
« cœur éprouva ce plaisir si doux, cette effusion
« de bonheur impossible à décrire et que rien ne
« peut effacer. »

Le jeune Dommanget se retrouva avec son père
qui avait l'habitude patriarcale de venir en famille
passer les vacances judiciaires. On causa des grands
procès et des grands avocats de l'époque, surtout de
Berryer l'ancien, à qui, le 4 Janvier 1770, il était né
un fils, Pierre-Antoine. Ce dernier, élève à Juilly, s'y
préparait à endosser la robe d'un oratorien.

Arrivèrent les brumes d'automne, et tout à coup
le jeune Dommanget se plaignit d'une douleur interne
au genou droit dont il avait ressenti déjà les premières atteintes à Paris, mais que l'on avait négligé
malheureusement de combattre.

C'était une tumeur qui attaqua les muscles de la

jambe droite et les rétrécit. Pendant une année il fut condamné à rester nuit et jour cloué sur une chaise longue, soigné par sa mère, comme une maman seule sait le faire. Son père retourna à Metz sombre et découragé remplir ses fonctions de conseiller. Le tribunal de Metz avait reçu le titre de Cour d'appel.

Dommanget père écrivait à son fils et à sa femme, pour leur donner du courage, qu'il venait d'assister avec plaisir aux débuts de deux jeunes gens nouvellement inscrits au tableau des avocats de Metz. L'un était le fils d'un épicier de l'angle de la rue Tête-d'Or, vis-à-vis la fontaine Saint-Jacques, nommé Mangin. L'autre, appelé Deserre, rentrait de l'Allemagne où il avait servi l'étranger, entraîné à l'émigration par son père, un vieux capitaine, loin de leur retraite de Pagny-sous-Prény.

On écoutait tout étonné ces jeunes débutants s'exprimer avec une désinvolture de langage qui n'était pas encore de mise au palais.

Dommanget père ne pouvait s'empêcher de gémir sur le sort de son fils arrêté dans sa carrière. Ses lettres étaient tristes en voyant qu'il n'y avait pas de changement dans la santé de son enfant. Celui-ci faisait trêve à ses douleurs en travaillant avec ardeur, surtout l'allemand, parce qu'il comptait bien venir plaider devant la Cour de Metz qui avait souvent à s'occuper d'actes rédigés dans le patois des rives de la Sarre.

Aujourd'hui, grâce à un gros cahier de devoirs conservé pieusement dans la famille, nous pouvons en quelque sorte assister, au jour le jour, aux efforts de notre confrère pour dominer ses souffrances.

Aidé par son cousin, le professeur Jullequin, il se

remit avec une nouvelle ardeur à l'étude des auteurs français, latins et allemands. Ce cahier révèle à la fois la facilité de travail et l'énergie du malheureux étudiant en droit. On y remarque, non sans étonnement, des études très détaillées de géographie et d'arithmétique, ainsi que des exercices complets de géométrie. Mais, détail navrant, sur le premier feuillet, au milieu de traits de plume entrelacés comme les griffes des anciens scribes de chancellerie, nous notons ce singulier *ex libris* qui est à lui seul tout un poème de résignation :

Dommanget le boiteux
Avocat piteux.

Cette mélancolique annotation était-elle une réflexion pesant sur l'infirmité qui depuis lors rendit sa marche incertaine, et, pendant toute sa vie, le contraignit à s'appuyer sur une canne armée du fameux bec à corbin des anciens robins d'avant la Révolution ? N'était-ce pas plutôt l'expression de la crainte de ne pouvoir réaliser le rêve paternel ? C'est un point aujourd'hui difficile à éclaircir. Mais ce qui est certain, c'est que le jeune estropié ne fut plus une heure malade. Il est vrai qu'il ne cessa de mener la vie la plus réglée possible, se levant, comme nos aïeux, à cinq heures pour se coucher à neuf.

Lui arrivaient de Metz des lettres qui le distrayaient en lui racontant les incidents d'audience. Son père lui apprit comment les anciens avocats, un certain Lemaire en tête, jalousaient le talent du jeune Deserre, et le plaisantaient de ce que, parlant l'allemand à la perfection, il avait l'accent tant soit peu germanique, surtout quand il s'animait pour attaquer les lois édictées contre les émigrés.

Traité d'Ostrogoth en pleine plaidoirie, Deserre répondit à cette inconvenante sortie en quittant la salle d'audience. Pendant plusieurs années on ne le vit plus au palais. Il alla travailler dans les bureaux de la préfecture, organisa une société littéraire, mais il continua à donner des consultations.

Le jeune Dommanget retournait à Paris en 1806 reprendre sa place dans l'étude de son oncle. Il s'essaya à porter la parole dans de petites affaires civiles. Il se rencontra devant la barre des justices de paix avec Berryer fils qui, en 1808, avait renoncé à la carrière ecclésiastique pour entrer dans l'étude de Me Normand, avoué de premier instance. C'est dans cette étude que travaillait Dupin aîné avec lequel Berryer devait, en 1817, composer la fameuse complainte de Fualdès.

Dommanget ne fut plus qu'un clerc amateur. Il suivait les cours de l'école de droit pour conquérir le diplôme de licencié et il allait au Palais entendre plaider Delamalle et son oncle Louis Dommanget qui s'était fait un nom en matière criminelle, surtout depuis l'affaire Cadoudal, en Juin 1805. Un écrivain remarquait, en 1845, que Me Dommanget défendit le fameux organisateur de la chouannerie « avec une « hardiesse dont on ne retrouverait pas d'exemple « de nos jours. »

Devenu licencié en droit, le jeune Dommanget sentit bien vite que ce qui lui manquait c'était l'habitude de parler en public. Il n'était pas seul à s'en apercevoir. Aussi des jeunes avocats laborieux s'étaient-ils entendus, guidés par l'un d'eux nommé

Gabaille, pour se réunir chez ce dernier et répéter les plaidoiries dont les murs du Palais venaient de retentir. Dommanget, admis dans cette parlotte, en devint un des discoureurs les plus assidus. Aussi, quand plus tard Gabaille fut nommé conseiller à la Cour royale de Paris, une des premières lettres de félicitations qu'il reçut était signée : Dommanget, avocat, ancien conférencier.

Pour entretenir dans le cœur de son fils le feu sacré du travail, Dommanget père continuait à le mettre au courant par écrit des principales causes qui se plaidaient devant la Cour de Metz, dégageant les points de droit qu'elles avaient soulevées et les répliques des avocats sur les objections.

Dommanget père raconta en grands détails un procès criminel dans lequel Deserre reparut au Palais de justice de Metz, le 20 Septembre 1809, pour défendre, contre Mᵉ Vivien, un certain Armand de Balby, fils d'une ancienne favorite de Monsieur, accusé de faux et de biseautage de cartes, par des anglais détenus en otage à Verdun. Il devait tenir de sa mère cette passion du jeu. A la Cour de Louis XVI elle était déjà signalée pour son jeu effréné. Le comte de Provence s'amusait beaucoup de ce qu'il appelait les bacchanales de son amie.

Une autre affaire plus émotionnante qui se plaida à Metz fut celle d'un jeune garçon de ferme de Bulligny, dans le pays toulois, qu'une fermière, restée veuve avec enfants, épousa. Elle lui fit des scènes de jalousie telles qu'ils se séparèrent. Il s'en alla mener une vie de braconnier. Sa femme fut trouvée noyée dans le puits de sa ferme. Cette nuit même, son mari était en prison à Toul pour délit de chasse. Malgré cette incarcération incontestée, il fut déclaré par le Jury de la Meurthe, à l'unanimité, coupable de la mort de sa femme. Il avait été défendu par un jeune avocat vosgien nommé Bresson. Convaincu qu'il y avait là une erreur de justice, cet homme de cœur fit imprimer à ses frais un long mémoire. Il partit pour Paris où il obtint la cassation de l'arrêt, et le renvoi du condamné à mort devant les assises de la Moselle. Non seulement il y fut démontré par les concierges de la prison de Toul que l'accusé n'avait pas pu s'évader ; mais la fille de la victime apporta les clefs de la ferme et de la cour, que sa mère avait dans sa poche au fond du puits. On se trouvait donc en présence du suicide d'une femme mal mariée mais non d'un assassinat.

En ordonnant la mise en liberté du client de M⁰ Bresson, le président Sturm lui dit : « Voyez par « votre exemple combien il est dangereux de ne pas « jouir d'une bonne réputation. Quelles obligations « n'avez-vous pas à l'homme éloquent qui a em- « brassé votre défense avec tant de chaleur et qui « la continue avec tant de désintéressement. Qu'elle « est belle, qu'elle est sublime la profession dont on « peut faire un semblable usage ! »

M⁰ Dommanget, à cinquante ans de distance, ne parlait jamais de cette cause célèbre que les larmes aux yeux, regrettant toujours de n'avoir pas pu être témoin oculaire de cette réhabilitation d'un innocent condamné à mort, obtenue par la persévérance de son avocat. A l'inverse du fermier de Bulligny, Balby, quoiqu'acquitté dans le département de la Moselle, eut à comparaître devant la juridiction correctionnelle de la Seine. Deserre n'hésita point à aller à Paris lui prêter l'appui de sa parole passionnée.

Il aida, le 30 Octobre 1810, M⁰ L. Dommanget, avocat à Paris, à rédiger un mémoire devant la Cour de cassation pour démontrer que le principe *non bis in iisdem* était violé par cette nouvelle poursuite. Deserre se fit remarquer par la véhémence de ses attaques contre les homme du jour. Il alla solliciter une place près du grand juge.

Deux années ne s'étaient pas écoulées que Napoléon nommait Deserre président de la Cour impériale de Hambourg, en attendant que l'ancien ami de la Balby, devenu le roi Louis XVIII, en fit son garde des sceaux.

Notre collègue Dommanget nous a souvent entretenu de la singulière apostrophe que Woysin de Gartempe aurait adressée à Deserre dès son début comme jeune avocat. Il y a eu erreur de la part de notre vénéré collègue. Et ce qu'il y a de plus singulier c'est qu'il avait oublié qu'il était présent lorsque Woysin de Gartempe prononça ce discours que M. Dommanget croyait avoir été prononcé avant sa venue à Metz.

C'était le 24 Juillet 1811 : Deserre venait de prendre des conclusions dans une affaire civile comme avocat général et il en profitait pour faire ses adieux à la Cour.

Woysin de Gartempe lui répondit : « Entrainé par
« mon propre attachement, par des sentiments qui
« ne permettent plus de mesurer toutes nos expres-
« sions ; votre triomphe, notre séparation, l'espoir
« de l'avenir arrachent à l'enthousiasme de mon âme
« ces mots qui furent dans mon esprit à l'instant où
« votre nomination, Monsieur, me fut connue :
   « *Macte animo, generose puer :* plus de souhaits

« à former ! les cieux sont ouverts ! *Sic itur ad*
« *astra !* »

Deserre remercia la Cour sans oublier le barreau
« où, dit-il, il se prépara à mériter l'emploi auquel
« l'appelait le grand monarque, au service duquel il
« espérait bien consacrer le reste de ses jours. »

Notre collègue était alors stagiaire. Dommanget
s'était fait inscrire au tableau des avocats, près la
Cour d'appel de Metz, le 17 Novembre 1810. Il vint
demeurer *rue Bonne-Ruelle,* non loin de Charpentier
qui habitait *rue Derrière-le-Palais,* à côté du bâtonnier Dewilde. Il jouit de l'avantage incontestable
de débuter comme avocat devant des magistrats,
amis de son père. Il fut accueilli avec la plus grande
bienveillance par Lemaire, l'adversaire irréconcilié
de Deserre. M. Dommanget a lu devant l'Académie
une notice sur ce personnage qui joua un très grand
rôle comme homme de loi pendant la Révolution.
C'est à Hubert Lemaire que Metz doit d'avoir conservé ses archives municipales. C'était un répertoire
vivant pour les lois contradictoires écloses avant le
code Napoléon.

La loi du 20 Avril 1810 donna le titre de Cour
impériale à la Cour d'appel de Metz. M. Dommanget
a raconté quelque chose de cette installation qui eut
lieu en Mars 1811 avec un grand éclat. Il convient
que l'Empereur avait placé à la tête de chaque Cour
d'anciens magistrats chargés de faire refleurir, par
toute la France, les allures aristocratiques des anciens
parlements.

Le tableau des avocats fut livré aux gens du parquet pour être épuré. Lemaire fut rayé sous le pré-
texte qu'il touchait des appointements à l'hôtel de

ville, comme secrétaire municipal. Et les conseillers de préfecture en touchent bien aussi des appointements. C'était une vengeance de Deserre qui venait d'être nommé avocat général le 23 Février 1811.

M. Dommanget n'a pas osé citer un seul des discours politiques prononcés par Woysin de Gartempe qui cependant ne manquait point une occasion pour en faire. Ainsi, à la rentrée des tribunaux, le 5 Novembre 1811, le premier président prit la parole pour faire l'apologie du nouveau système judiciaire, et il exhortait les avocats qui venaient de prêter à nouveau serment de fidélité envers l'Empereur, à se rendre dignes de l'attente de l'Hercule français qui, « portant à toutes les constitutions françaises son « génie restaurateur, les avait rappelées à leur an- « tique gloire. »

Et comme le note le procès-verbal de la solennité : la Cour ayant levé la séance, les avocats sont allés rendre leurs devoirs à M. le premier président. Nous avons de bonnes raisons de croire que le jeune Dommanget laissa ses anciens s'extasier sur le style sublime du chef de la magistrature.

Ce n'est pas sans intention non plus que notre collègue ne nous a point dit un mot de l'autre discours non moins exagéré qu'il entendit Woysin de Gartempe décocher, le 2 Janvier 1812, à l'adresse du successeur de Deserre, un ancien substitut du Parlement de Nancy, son compagnon d'émigration, Millet, qui se disait de Chevers et qui salua ses nouveaux collègues de Metz en encensant Napoléon et en leur détaillant la vie de Montesquieu que sa famille avait hébergé et qu'il voulait prendre pour modèle. Il omit de dire que l'auteur de l'*Esprit des lois* était venu en disgrâce à Nancy et avait été obligé de faire imprimer en cachette son chef-d'œuvre, qui fut condamné en justice. Woysin de Gartempe avertit avec assez d'aigreur le nouveau venu que malgré la longue interruption de l'exercice des fonctions que Millet de Chevers venait reprendre dans une autre Cour, celle-ci avait l'espoir de le trouver tel qu'on s'attendait à le voir : « Né et élevé dans le sein du « patriciat, votre éducation, Monsieur l'avocat gé- « néral, fut austère et juste. Vos mœurs sont celles « de l'antique magistrature, vous les reporterez au « milieu de nous. »

Le 15 Juin 1812, Woysin de Gartempe recevait, en pleine audience, la décoration de la Légion d'hon- neur ; on ne pouvait échapper à un discours tout enflammé d'impérialisme. Dommanget, comme les autres jeunes avocats stagiaires, se garda bien de manquer une si belle occasion de voir des gens qui se croyant sérieux, se débitaient des compliments of- ficiels dont ils devaient rougir plus tard.

« La grâce dont je suis l'objet aujourd'hui, — dit en se prélassant sous son hermine le nouveau che- « valier, — est l'effet sensible de cette satisfaction « que nous avait si noblement exprimée la bouche « de l'Empereur. A mon oreille retentissent encore « ces paroles si glorieuses pour la Compagnie dont « j'ai la joie d'être le chef : J'agrée les sentiments « de *ma* Cour impériale. Je n'ai que des témoignages « satisfaisants des lumières et de l'intégrité de ses « magistrats. »

La Cour comptait parmi ses présidents de chambre un autre anobli nancéen, Gérard d'Hanoncelles, dont M. Dommanget nous a aussi composé la biographie, mais en s'abstenant de citer un seul de ses discours. Nous devons combler d'autant plus cette lacune que ce magistrat fut toute sa vie un grand discoureur, surtout en faveur de l'autorité qui lui donnait de l'avancement. « Il félicita *coram populo* Woysin de « Gartempe de son zèle, de son dévouement inalté- « rable qui ne pouvaient être méconnus à l'œil vi- « gilant du plus grand et du plus éclairé des mo- « narques. » Pourquoi faut-il ajouter qu'il s'agissait de celui que deux ans après on ne désignait plus que sous le nom d'Ogre de Corse ?

N'est-ce point le cas de répéter d'après l'Ecriture sainte : *Erudimini qui judicatis terram*. Et même ceux qui ne sont pas juges peuvent faire leur profit de ces évolutions écœurantes, suite inévitable de toutes les Révolutions à remonter à Clovis qui brûla ce qu'il avait adoré.

Le 5 Novembre 1812, sur les murs extérieurs du Palais, étaient encore placardés les fiers bulletins que Napoléon avait datés des hauteurs de Borodino, des bords de la Moscowa. Dommanget, avec les jeunes confrères du barreau, y apprenait la géographie de la Russie, en attendant l'ouverture de la salle d'audience.

Pour sujet de son discours de rentrée, de Chevers choisit l'histoire des magistrats et avocats à particule du Parlement de Metz. Le mot de la fin fut très remarqué par l'assistance bourgeoise. L'orateur insista « sur l'obligation de donner comme jadis une édu- « cation *patricienne* aux enfants des magistrats pour « l'accomplissement des grandes vues du monarque « incomparable, à qui la France devait le *retour* à la « gloire et au *bonheur publics*. »

Néanmoins, comme nous l'a raconté M. Dommanget, on sentait à certains bruits que l'Empire craquait comme en 1870 quand nous fûmes bloqués par les bataillons et les canons de l'armée allemande et laissés sans nouvelles des désastres de Sedan.

Woysin de Gartempe avait déjà remarqué des fronderies, signes précurseurs de défaillances, parmi ses collègues de la magistrature. Il fallait que cela fut bien caractérisé pour qu'il se permit, le jour même, devant des jeunes stagiaires comme Dommanget, de morigéner les membres de la Cour, leur rappelant d'un ton peu bienveillant : « que la cérémonie du « jour (c'est-à-dire le renouvellement du serment « de l'Empereur) n'était pas un spectacle *vulgaire* « ou *vain* et que tous les membres de la Cour de- « vaient se souvenir que, juges des actions des « hommes, ils avaient le devoir de se juger d'abord « eux-mêmes. »

Mᵉ Dommanget a raconté à l'Académie son émotion quand, jeune avocat, on lui fit prêter serment sur l'Évangile. Il avait oublié que cette cérémonie d'un autre âge avait eu lieu en Mars 1811, en l'honneur de l'empereur Napoléon Iᵉʳ, qui avait imposé à la Cour comme premier président un homme politique de l'ancien régime, ce Woysin de Gartempe. Fils de magistrat, il avait été nommé conseiller au Parlement de Bordeaux à peine à l'âge de 25 ans ; il avait pris part à la Révolution comme député girondin.

M. Dommanget a fait entendre en 1867, à l'Académie, une notice sur ce personnage en faisant finement remarquer que les personnes investies à Metz de hautes fonctions, sont le plus souvent étrangères au pays. « Cet usage (ajoutait-il avec une intention

« malicieuse non déguisée), contre lequel je n'ai rien
« à dire, n'est pas nouveau. Entré dans les habi-
« tudes du pouvoir qui nomme aux emplois, il exis-
« tait sous l'ancien régime, comme on le voit prati-
« quer de nos jours. L'empereur Napoléon 1er, qui
« méditait le rétablissement de grands corps judi-
« ciaires, ayant la plénitude de juridiction en ma-
« tières civiles et criminelles, et qui voulait leur
« donner un lustre emprunté à l'éclat des parle-
« ments, s'efforçait d'ouvrir l'accès de ses Cours
« d'appel, dont il se promettait de faire des Cours
« impériales à d'anciens magistrats de Cours souve-
« raines, échappés aux orages de la Révolution. »

L'impérieux Woysin de Gartempe était bien ce
qu'il fallait au despote couronné. Pendant toute sa
carrière de premier président il ne cessa de faire re-
vivre dans Metz les vieilles cérémonies judiciaires.
Il les considérait comme la sauvegarde de la dignité
du magistrat.

Nous devons encore à M. Dommanget de connaître
le cérémonial observé dans les audiences solennelles
de la Cour de Metz avec les présidents, conseillers en
robes rouges et cheveux longs poudrés à frimas, sui-
vis de valets portant la queue sur le grand escalier
d'honneur.

Woysin de Gartempe s'occupa heureusement de
choses moins futiles. Il laissait plaider à leur aise les
jeunes avocats, surtout ceux qui s'efforçaient de
parler purement. Aussi, en 1824, félicitait-il Mᵉ Dommanget, devenu bâtonnier, de l'avoir aidé dans la
tâche un peu lourde parfois, du relèvement du barreau messin.

C'est en 1810 que Dufaure se faisait montrer du

doigt au barreau de Bordeaux parce qu'il ne plaidait que sur des notes. L'organe du ministère public trouva cela très singulier; on voit bien, dit-il, que c'est un étranger. Il en fut de même à Metz pour M. Dommanget. Les consultations étaient plus fréquentes que de nos jours. Jusqu'alors, dans tous les barreaux de province, on lisait les plaidoyers qui n'étaient que les développements plus ou moins accentués des mémoires imprimés au préalable. Comme nous avouait M. Dommanget, les avocats plaidaient autrefois avec moins d'animation mais ils écrivaient mieux; leur style était plus correct et les citations d'auteurs étaient plus nombreuses.

Nous ne savons si ce fut pour inaugurer plus dignement sa nouvelle position de Conseiller d'une Cour impériale que Dommanget père quitta en 1811 l'appartement qu'il occupait depuis dix années place de Chambre. Il vint s'installer dans une maison nouvellement bâtie, le long d'une rue créée tout récemment et qui fut inaugurée par le défilé des vainqueurs d'Iéna et de Friedland. Aussi lui donna-t-on le nom de *rue de la Grande-Armée.* Dommanget fils put y venir transférer son cabinet d'avocat à côté de la bibliothèque de son père. Ils avaient pour voisins Sauvage, le directeur de la Monnaie, le beau-frère de Barbé Marbois, ministre de Napoléon et l'ancien avocat devenu le sénateur Emmery, qui demeurait rue Mazelle.

Dommanget père se rendait au Palais avec la ponctualité dont il ne se départit jamais, suivi de son domestique qui portait les sacs des procès où il était rapporteur. Il était connu parmi ses collègues pour un travailleur. Mais lui se sentait mal à l'aise au milieu de jeunes ou de vieux magistrats qui rappelaient sans cesse qu'ils appartenaient à des familles se croyant d'une antique noblesse.

La ville de Sainte-Menehould avait à sa tête pour sous-préfet un ancien républicain, Drouet dit Casse-Tête, le frère du maître de poste devenu député, ambassadeur, etc. Ce fonctionnaire ne s'entendait point avec les membres du tribunal et on tenait à le ménager parce qu'il était un vieillard très obligeant et ayant une grande influence dans le pays. Il était lié depuis l'enfance avec Dommanget père. On offrit à celui-ci la place de président du tribunal de Sainte-Menehould, tout en lui conservant les appointements et les fonctions de conseiller. Il accepta et le ministre de la justice le remerciait en le faisant décorer par l'Empereur du titre de chevalier de la Légion d'honneur.

Une autre raison qui décida Dommanget père à quitter Metz c'est qu'il avait remarqué, non sans dépit, que son fils s'était amouraché d'une belle jeune personne blonde du quartier, la fille de Ledoux, garde d'artillerie qui devait mourir à la suite de nombreuses blessures gagnées dans les campagnes de 1814. Mademoiselle Françoise Ledoux n'avait pour toute fortune que ses agréments physiques et une réputation de grande modestie. Elle était née en 1789, le 30 Décembre. Elle avait donc 27 ans. Son aïeul, garde-magasin d'artillerie, avait eu de l'aisance. Mais il s'était ruiné à élever des barrages dans l'île Chambière pour combattre les changements de lit de la Moselle, au travers du grand pâtural de Metz qu'il avait loué à la Commune pour faire le commerce des fourrages. C'était chez lui, à la Citadelle, que se réfugia et mourut le parent de sa femme, le bénédictin dom Tabouillot, dont M. Dommanget nous a communiqué la biographie, sur des renseignements à lui propres.

Dommanget père prétendait que, d'après sa propre expérience, un magistrat ou un avocat, pour rester à la hauteur de sa position, doit trouver de la fortune dans la famille de sa femme, s'il n'en a pas récolté dans la sienne propre. Il citait à son fils l'exemple d'Hercule de Serre qui avait dû une partie de sa clientèle à sa femme, jeune fille d'une rare beauté et d'un esprit étincelant, Mademoiselle d'Huart, dont les parents s'étaient enrichis dans les forges de la Sauvage, près de Longwy, et étaient en relation d'affaires avec les propriétaires des usines d'Ottange, de Hayange et de Moyeuvre, qui avaient fait leur avocat consultant d'Hercule de Serre.

La Restauration laissa le président Dommanget sur son siège, mais en lui enlevant son titre de Conseiller honoraire de la Cour de Metz; en même temps Sainte-Menehould avait un nouveau sous-préfet, c'était un Chamisso, retour d'émigration, un frère de l'écrivain resté à Berlin. Un autre frère vint à Bitche avec sa femme, une noble allemande, et il y remplit les fonctions d'inspecteur des douanes. Il venait souvent à Metz rendre visite à son ancien condisciple Dommanget qui le fit placer à Thionville.

En 1814, celui-ci menait la vie la plus retirée, étonné de voir tant d'impérialistes de la veille devenir les plus chauds royalistes du lendemain. Comme nous le disait M. Dommanget en 1848, les Révolutions vous donnent une piètre idée de la constance dans les opinions. Un peu découragé dans son isolement, il se demandait s'il ne ferait pas mieux de rejoindre son père et sa mère à Sainte-Menehould comme ils l'en avaient sollicité en quittant Metz.

Dommanget devait constater une singulière coïncidence. Il avait vu aux Cent-Jours Degérando père venir en 1815, en qualité de commissaire extraordinaire, se heurter à l'accueil glacial que lui firent la magistrature et surtout l'évêque de Metz qui ne lui pardonnaient point d'avoir aidé à tenir le Saint-Père loin de Rome. En 1851, Dommanget vit au coup d'Etat Degérando fils procéder gauchement aux expulsions, qui atteignirent jusqu'à des membres de notre barreau, pour des lettres de famille interceptées. Comme Dieu est juste, nous avons vu ce procureur général de Bonaparte expulsé à son tour en 1870, et cela par un général wurtembergeois, parent de Madame Degérando la mère. *Par pari refertur,* disions-nous entre avocats, et M. Dommanget levait les yeux au ciel tandis que sa lèvre esquissait un de ces demi-sourires que connaissaient si bien ses amis. En Décembre 1851, un ancien avocat général de Metz, M. de Faultrier, député, était confiné dans les cachots du donjon de Vincennes avec notre professeur de droit, l'éminent M. Valette, pendant qu'opérait à Metz le doucereux Degérando.

Le 4 Août 1815, l'évêque de Metz lançait à l'adresse de son clergé une lettre pastorale débutant ainsi : « La divine providence vient d'abréger les « temps. Elle ramène dans le sein de la capitale « l'antique famille de nos rois et le meilleur comme « le plus clément des monarques... »

De Bournonville accourait présider le collège électoral de la Moselle et prononçait une allocution où

nous cueillons cette phrase typique : « Il y a peu de
« jours, notre histoire était celle du Bas-Empire. Ce
« règne de honte, de terreur et de mensonge coûtera
« à la France autant de milliards qu'il aura duré de
« mois... »

Fut nommé à Bricy comme député le premier président de Gartempe qui n'y possédait pas un pouce
de terrain. Le 17 Mars 1816, il était admis dans le
cabinet de Louis XVIII pour lui repréter le serment
de fidélité. Et il n'osa point venir, le 4 Avril, procéder à la réinstallation de la Cour royale de Metz épu-
rée. Ce soin fut laissé à Gérard d'Hannoncelles qui
prêta le serment de fidélité au roi entre les mains du
procureur général Perrin dit d'Augny, un ancien im-
périaliste. Furent alors prononcés des discours qui
sont restés fameux dans les fastes du Palais de Metz.
D'Hannoncelles prétendit démontrer aux Messins que
le gouvernement monarchique de la France avait
toujours été un gouvernement représentatif, que la
Charte de 1814 n'était rien autre chose que l'ancienne
Constitution perfectionnée....

Mais le plus piquant ce fut d'entendre le procureur
général se croire obligé de venger les magistrats
contre leurs détracteurs et de justifier la conduite
qu'ils avaient tenue durant les temps de trouble et
d'anarchie et durant les temps de l'affreuse tyrannie
dont le Roi était venu délivrer le pays. « Qu'est-ce
« qu'étaient les tribunaux lorsque l'intrigue seule
« présida au choix de ceux qui les composaient. Je
« vous félicite de vous être rendus dignes du choix
« du Souverain par l'impartialité, l'application et le
« désintéressement que vous avez professés dans un
« temps où le peuple français, enivré de la gloire

« des conquêtes, laissait dans la plus profonde obs-
« curité les vertus civiles. »

Le président fit ensuite appeler chaque avocat
pour prêter serment de fidélité au Roi et à la Charte.
Dommanget le fit avec d'autant plus de simplicité
que dans sa famille on n'avait cessé d'être royaliste
sincère. Et, en écoutant la harangue de Perrin dit
d'Augny, il pensa qu'elle s'appliquait surtout à un
honnête magistrat absent, à son père qui se montra
sévère envers le monde comme envers lui-même.

Le 4 Septembre 1816, à cinq heures du soir, le
fils majeur du président du tribunal de Sainte-Menehould montait les degrés de l'hôtel de ville de Metz
donnant le bras à Mademoiselle Ledoux. Il venait
demander la consécration légale de son bonheur à
l'officier de l'état civil. Sa mère seule était présente.
Dommanget père avait envoyé son consentement par
acte notarié. Néanmoins Dieu bénit cette union en
leur envoyant neuf enfants que le grand-père adora.

Le 23 Août 1818, un des témoins de la déclaration
de la naissance d'un fils de Dommanget était précisément son vieil ami Hubert Lemaire, qui prit dans
l'acte le titre d'avocat à la Cour royale, en dépit de
la radiation fameuse de Deserre alors tout puissant.
Il fut encore témoin instrumentaire des actes de
naissance de deux autres enfants Dommanget, en
1822 et en 1824; et toujours il se faisait qualifier
d'avocat à la Cour, mais, comme nous l'apprend
M. Dommanget dans sa notice, il donnait beaucoup
de consultations et plaidait devant le conseil de préfecture.

En 1820, c'était un autre avocat, un israélite cette
fois, Narcisse Oulif, qui déclara la naissance d'un

fils de M. Dommanget. Il devait mourir professeur
de droit à l'Université de Bruxelles. En 1821, la
naissance d'un autre enfant Dommanget était attestée
par le jeune avocat François Woirhaye, demeurant
chez son père, chandelier, place Outre-Mozelle, et
qui devait mourir conseiller à la Cour de cassation.
En 1825, c'était un autre futur membre de la même
Cour de cassation, Michel Legagneur, alors simple
substitut; en 1826 c'était l'avocat J.-B. Boulangé, le
futur président du tribunal civil de Metz en 1848.

C'est que notre collègue avait pris une superbe
position au barreau de Metz.

Le 2 Février 1816, une ordonnance royale appelait le descendant des vieux messins de Turmel à la
tête de la mairie de Metz. Il avait un faible pour le
jeune avocat Dommanget. Il le fit appeler en Juin,
subitement, pour lui demander s'il lui était permis
de placarder l'avis suivant : « Le Maire de Metz pré-
« vient ses concitoyens que l'autorité militaire, éle-
« vant des prétentions sur la propriété du terrain
« des cimetières extérieurs de la ville, les inhu-
« mations se feront jusqu'à nouvel ordre sur l'Es-
« PLANADE. »

M. Dommanget nous racontait ce curieux incident
municipal, en 1859, quand le génie militaire contes-
tait à la commune de Metz la propriété de la *Place
royale*. Et ce qu'il y a de plus philosophique dans
cette affaire c'est que le général Razout qui patronait
cette revendication contre la ville fut enterré en
1820 précisément dans ce cimetière Belle-Croix, et
que seul, en 1884, son tombeau a survécu à la
transformation de ce champ de repos.

Ce qui avait valu à Mᵉ Dommanget l'honneur d'être

consulté par le maire de Metz, c'est que le **28 Juin**
1815, il avait été chargé de soutenir devant la Cour
les réclamations du propriétaire d'un lavoir créé en
1795 sur le *ru de la Chenau*. Cet industriel s'était
brouillé en 1815 avec son locataire qui s'était em-
pressé d'acquérir un jardin en amont pour y cons-
truire un nouveau lavoir dont la retenue d'eau nui-
sait évidemment à son aîné.

M⁰ Dommanget retraça l'historique du lavoir et
des fortifications de Metz, abreuvées par le *ru de la
Chenau,* et il montra, pièces en main, comment la
ville de Metz, sous le maréchal de Belle-Isle, avait
perdu *manu militari* les paquis communaux qu'elle
possédait jusqu'au XVIIIᵉ siècle, en dehors de la
porte Mazelle et de la porte des Allemands.

Cinquante ans plus tard, Mᵉ Dommanget eut à
plaider pour le même lavoir. Il s'agissait alors de
réclamer contre l'Usine à gaz, récemment installée à
Plantières, qui noircissait les eaux du *ru de la Chenau.*

Le vénérable avocat se laissa aller à raconter, avec
cette fine bonhomie que redoutaient tant ses contra-
dicteurs, le premier procès qu'il avait plaidé dans sa
jeunesse. Il se fit presque poète en évoquant ses
promenades d'autrefois, au bord de ce gai ruisseau
à l'eau si fraiche et si limpide, murmurant au fond
d'un étroit vallon qu'ombrageaient les jardinets des
bons petits bourgeois du *ferré de Mazelle.* C'est au
milieu de cette idylle qu'échappa à Mᵉ Dommanget
cette phrase restée fameuse dans nos annales judiciaires. Oui, Messieurs, le *ru de la Chenau* est
connu de tout militaire qui a tenu garnison dans
Metz, c'est là que nous voyons nos soldats laver avec
bonheur leurs mouchoirs... quand ils en ont.

Ce bon-mot légendaire est le contrepied de celui du grenadier du camp de Compiègne. Louis XV dînait sous la tente, de simples soldats portaient les plats et ils avaient chaud. Le jeune prince ne put s'empêcher de dire un peu trop haut : Ces braves gens sentent diablement le chausson. C'est, répondit le servant, parce que nous n'en avons pas.

A l'heure où nous transcrivons ces gaietés, l'usine à gaz, désormais fermée, ne trouble plus les eaux transparentes de la Chenau. Les lavoirs sont passés à l'état de souvenirs. Les jardins sont déserts, les guinguettes sont abandonnées. Dans le parc de Borny, où le *ru de la Chenau* prend sa source, s'élèvent des croix de bois rappelant que dorment en ces lieux de leur dernier sommeil les soldats français qui ont succombé au champ d'honneur ; ce sont les derniers que nous avons vu depuis 1870 !

En 1820, Gérard d'Hannoncelles était nommé premier président de la Cour de Metz. Son grand-père avait épousé la fille d'un brave marchand de Metz, et avec sa dot il avait acheté, près d'Etain, le domaine d'Hannoncelle, sur l'Orne, qui servit à le distinguer de tous les Gérard de la chrétienté. Ce qu'a passé sous silence M. Dommanget, dans sa notice biographique, mais ce que nous tenons de lui-même, c'est que personne à Metz n'était aussi infatué de sa noblesse que cet ancien émigré nancéen.

« Ses études et ses travaux — a écrit notre col-
« lègue — se concentraient en général sur l'histoire,
« mais il avait une sorte d'entraînement vers les re-
« cherches généalogiques à telle enseigne qu'il n'a
« pu se défendre de vérifier l'origine de la plupart
« des familles notables des pays qu'il a successive-

« ment habités. » Nous que trente années d'études historiques locales ont familiarisé avec ces mêmes recherches, nous pouvons dire que le président d'Hannoncelles aurait dû plus approfondir l'origine de sa propre lignée, surtout en Alsace, au lieu de se perdre dans les arcanes de l'Évêché de Liège.

Le plus bel éloge qu'il ait mérité c'est que, selon les expressions de Dommanget : « Comme juge, per- « sonne mieux que lui n'a pratiqué l'art d'écouter ; « son attention toujours en éveil et toujours bien- « veillante ne laissait apercevoir ni distraction ni fa- « tigue, j'en parle avec certitude, moi qui ai plaidé « devant lui pendant dix-neuf ans. » Mais l'homme hautain reparaissait malgré lui et c'est ainsi qu'il faut comprendre Mᵉ Dommanget quand il ajoute : « A la « prononciation des arrêts, on eut dit que sa pa- « tience trop longtemps contenue avait besoin de « prendre une sorte de revanche. Il lui arrivait « quelquefois d'être abondant et vif dans la déduc- « tion de ses motifs, pour répondre avec une com- « plaisance mêlée de reproches aux moyens princi- « paux 'de la discussion que la délibération de la « Cour n'avait pas adoptés. »

La clientèle de Dommanget se faisait plus nombreuse et plus lucrative. Il lui arriva de plaider plusieurs questions de dommages-intérêts réclamés à des usiniers. En 1811, n'étant que stagiaire, il avait rédigé avec des anciens une consultation contre le maître de forges de Hayange, M. François de Wendel. Cet industriel, en 1822, chargea de ses intérêts Mᵉ Dommanget pour revendiquer la propriété des rives de l'Orne. A partir de cette affaire dont il nous est resté un mémoire imprimé, Mᵉ Dommanget nous racontait en riant que, comme l'avait fait de Serre à Trèves et à Sarrelouis pour les mêmes clients, il était devenu l'avocat ambulant de la famille de Wendel, allant en chaise de poste réclamer les débris de son ancienne fortune immobilière devant les tribunaux de Briey et de Thionville. Jusques en 1818, c'était Mangin qui était devenu le conseil de François de Wendel, harcelé par son frère Charles, ayant pour avocat Me Charpentier.

Le 7 Novembre 1825, mourait à Wiltz un véritable magistrat de la vieille roche, travailleur, sachant écouter plaideurs, accusés, accusateurs et avocats. Il s'appelait J.-J. Faber. Il parlait purement français mais avec un léger accent germanique. Quoi d'étonnant? il était luxembourgeois de naissance. Sa haute capacité, doublée d'une grande modération, lui avait valu une place de conseiller à la Cour suprême du duché de Luxembourg. En 1792, il se trouva sans place quand les Français surent implanter le drapeau tricolore sur les remparts ébréchés de Luxembourg. En l'an VIII, Faber était nommé juge au tribunal d'appel de Metz, et il fut compris dans l'organisation de la Cour impériale de la même ville en 1811. Il y connut le conseiller Dommanget ; ils travaillaient ensemble le droit moderne mal établi. Il ne cessa de témoigner au fils une bienveillante amitié et de lui donner de sincères encouragements. Il savait combien il était difficile de devenir *juris dicendi peritus*.

Aussi Me Dommanget se fit-il un devoir de payer un tribut de reconnaissance à l'ami de son père. Et dans l'audience de la Cour royale qui suivit la nouvelle du décès de J.-J. Faber, le bâtonnier des

avocats, ayant à plaider dans une affaire, se leva
et dit : « Je prends la parole dans de bien tristes cir-
« constances, au moment où la Cour est douloureu-
« sement affectée de la perte encore récente de l'un
« de ses membres les plus distingués.

« Permettez, Messieurs, que le barreau mêle ses
« regrets à ceux de tous les collègues de M. Faber.
« Ses vertus privées, son excellent esprit ont con-
« tribué, dès l'origine de l'institution de la Cour, à
« fonder et cimenter entre les magistrats cette union
« admirable qui rend plus facile et plus doux l'ac-
« complissement des devoirs, en même temps qu'elle
« ajoute à la dignité de la compagnie. Je ne pourrais
« rien dire à ce sujet que chacun de vous, Messieurs,
« n'ait senti mieux que moi et avant moi.

« Mais je dois, et l'ordre entier des avocats doit
« un hommage public à la vaste érudition de M. Fa-
« ber. Quelle science et pourtant quelle rare modes-
« tie ! Quelle prodigieuse mémoire ! Quelle pureté
« de principes ! Et aussi quelle sagacité, quelle rec-
« titude dans les idées ! Quelle force de tête ! Les
« chagrins qui, plus encore que les années, l'ont
« précipité dans la tombe, n'avaient point altéré la
« puissance de ses facultés morales.

« Vous le savez, Messieurs, jusqu'au dernier jour,
« même présence d'esprit, même pénétration, même
« aptitude aux importantes fonctions de la justice.

« Je ne puis songer aux trésors de science que
« possédait M. Faber, sans porter des regards in-
« quiets vers l'avenir. Qui remplacera ces hommes
« que de longues et pénibles études ont enrichis
« d'un immense savoir ?...

« Sans être vieux déjà, nous avons dépassé l'âge

« où l'on peut étudier avec fruit. C'est pour la jeu-
« nesse seule qui se presse autour de nous qu'il est
« temps encore de recevoir d'utiles conseils.

« Encouragée par l'exemple du magistrat qui na-
« guère siégeait dans cette enceinte, qu'elle s'anime,
« qu'elle se passionne de l'amour de la science,
« qu'elle ne craigne pas, qu'elle ait le courage de
« remonter aux sources. Elle y puisera des lumières
« qui, plus tard, jetteront dans son avenir un bril-
« lant éclat... »

Le succès de ce discours fut tel qu'on en parla
beaucoup au Palais et hors du Palais. On y vit l'intention malicieuse de démontrer à certains magistrats
par l'argument *à contrario* l'insuffisance de leurs
études juridiques. M. Dommanget fut effrayé de l'importance cachée donnée à ses paroles et il se promit
bien de ne plus faire devant les magistrats l'éloge de
l'un d'eux. Il se tint parole. Et s'il prononça l'apologie de deux premiers présidents, comme nous allons
le voir, ce fut devant une société savante, l'Académie
de Metz.

En 1828, grâce à une vie d'un labeur incessant et
d'une régularité monastique, Dommanget put se donner le plaisir d'acquérir pignon sur rue. Il vint dès
lors habiter près du Palais, dans sa maison de la rue
aux Ours, en face de l'ancienne abbaye Saint-Ar-
nould. Madame Dommanget y accoucha de quatre
autres enfants. On ne voit plus d'avocats figurer
dans les déclarations de naissance, mais seulement
des membres de la famille Ledoux. Ce petit détail
peint bien l'état de surexcitation des esprits.

Avait paru dans le *Moniteur officiel* de 1827 une
ordonnance royale ainsi conçue :

Charles, par la grâce de Dieu roi de France et de Navarre, salut : Est nommé membre du Conseil municipal de notre bonne ville de Metz le sieur Dommanget (Jacques-Philibert).

Donné en notre château des Tuileries,
le 7 Mars de l'an de grâce 1827.

· Les membres du barreau messin avaient été froissés de voir un des leurs (que l'ordonnance ne qualifiait pas même du titre d'avocat), leur chef (puisque M. Dommanget était bâtonnier depuis 1822), admettre que les membres des Conseils municipaux, au lieu d'être élus par leurs concitoyens, fussent désormais imposés par le bon plaisir de l'autorité qui était censée controlée par ces Conseillers. Aussi, au renouvellement du Conseil de discipline, le 12 Novembre 1828, Me Dommanget ne fut point réélu bâtonnier par ses confrères.

Dans une notice, il a insisté quelque peu sur les opinions politiques de Gérard d'Hanoncelles, parce qu'il les partageait. C'était un profond royaliste — dit-il — qui aimait les libertés, mais n'en comprenait l'emploi qu'à l'ombre du pouvoir héréditaire de nos rois.

Nous en sommes encore à nous demander pourquoi Me Dommanget a omis de nous signaler le dernier acte de courage judiciaire qui a honoré la fin de la carrière du premier président d'Hanoncelles. Malgré ses travers héraldiques, cet homme érudit et loyal ne cachait pas à Dommanget qu'il voyait avec chagrin la monarchie des Bourbons courir à l'abime par des réactions extrèmes contre le journalisme et, chose plus effrayante encore, contre la publicité des plaidoiries.

Le 7 Janvier 1850 il y avait foule au Palais de justice de Metz. On devait y juger en appel le *Courrier de la Moselle*, journal fondé en Mars 1829, qui avait été acquitté en première instance dans la personne de son gérant Harmand et de son imprimeur Lamort fils, pour avoir donné de la publicité au prospectus de l'*Association bretonne*, fondée pour faire les frais de poursuites contre les ministres oublieux des franchises constitutionnelles.

Mᵉ Dommanget ne fut pas un des moins empressés à assister à ces débats qui commencèrent par le rapport très modéré du jeune auditeur Dufour, le futur auteur des *Heures de temps perdu* et du Memorandum du Président des Cours d'assises.

Mᵉ Parant, fils d'un liquoriste de Fourniruc, donna ce jour-là la mesure de son beau talent oratoire. Il commença par citer Massillon « qui avait pu dire « sous un gouvernement absolu : Ce n'est pas le « Souverain, ce sont les lois qui doivent régner sur « les peuples. Le prince n'en est que le ministre et « le premier dépositaire. Ce sont elles qui doivent « régler l'usage de l'autorité. » Puis il développa cette thèse que du moment que la France n'a plus un chancelier de l'Hôpital pour faire entendre la vérité au Souverain, les citoyens ont le droit de se rallier, sous un titre quelconque, pour protester qu'on ne les dépouille point de leurs droits.

Mᵉ Dommanget nous rapporta que l'autorité avait donné une telle importance à ce procès de presse qu'il fut jugé par toute la Cour, chambres réunies, sous la présidence de Gérard d'Hanoncelles, derrière lequel se tint le préfet.

Un jeune avocat, appelé Dornès, prit ensuite la

parole pour l'imprimeur, et, d'après les souvenirs de
M⁰ Dommanget, il remua l'auditoire bien plus vive-
ment que Parant.

Dornès commença par s'étonner que l'on ait poursuivi un modeste imprimeur de province tandis qu'on
n'osait pas traduire en justice à Paris les notabilités
politiques qui avaient inspiré l'*Association bretonne*.

M. Dommanget se rappelait de l'effet fulgurant de
Dornès scandant avec un rire moqueur ce vers :

Dat veniam corvis, vexat censura columbas.

Il y eut une explosion de bravos tellement forte
au mot *corvis*, les corbeaux, — on venait de chas-
ser les Jésuites — que le président d'Hanoncelles la
comprima très spirituellement en disant à demi-
voix :

Le latin dans les mots brave l'honnêteté.

C'est ainsi que débuta l'écrivain politique, le député de la Moselle Dornès qu'attendait une balle fra-
tricide en 1848 sur une barricade de Paris.

Il fut très malmené par le procureur général Pi-
naud qui reconnut que la France n'avait pas encore
acquis le sentiment de confiance et de sécurité
qu'aurait dû produire le régime politique que le Roi
législateur lui avait concédé comme un gage de pros-
périté. « A qui la faute ? A ces hommes qui ne sau-
« ront jamais ni jouir de la liberté ni en laisser
« jouir le pays et dont la présence dans le pays est
« la seule calamité. »

La Cour prononça l'acquittement des prévenus.

On applaudit au dehors, mais Dornès fut poursuivi par le parquet devant le Conseil de discipline comme l'avait été Berryer fils en 1825 pour son plaidoyer en faveur du général Cambronne.

Quelques mois plus tard Charles X reprenait le chemin de l'exil et Polignac, son fameux ministre, avec Mangin, son préfet de police, connaissaient à leur tour le charme d'être vilipendés en public par un procureur-général.

Le 9 Septembre 1830, la Cour de Metz eut à prêter serment de fidélité à une nouvelle dynastie et d'obéissance à une autre Charte plus libérale. M⁰ Dommanget fit comme le premier président d'Hanoncelles, ils brillèrent par leur absence. Le magistrat se ravisa, et, le 12 Septembre, il prêtait le serment voulu entre les mains du nouveau procureur général Charpentier. Mais quatre jours après, sans qu'il en ait avoué le motif, d'Hanoncelles donnait sa démission pour être remplacé par l'ancien camarade de droit du prince de Metternich.

Le 11 Septembre 1830, triste effet des réactions, Dommanget ne fut point porté sur les listes de candidature au Conseil municipal de Metz et, par suite, ne fit plus partie de cette assemblée. Mais les légitimistes et le clergé lui firent l'honneur de le choisir comme l'inspirateur de leur conduite politique. Ce fut lui qui indiqua la marche à suivre pour créer l'organe du parti légitimiste la *Gazette de Metz*.

Quand, le 4 Décembre 1832, le gérant et l'imprimeur de ce journal furent traduits en Cour d'assises pour outrages envers le roi et excitation à la haine du gouvernement, qui allait être chargé de défendre ce journal qu'animait de son souffle de pur royalisme, le digne comte du Coëtlosquet? Mangin, le fougueux procureur général, l'antique mais inquisitorial préfet de police qui était revenu prendre sa place au barreau de Metz? Il mourait de faim. Personne ne voulait recourir à cet orateur éminent mais d'une nature violente et irascible. Fut choisi d'une seule voix Mᵉ Dommanget pour défendre la *Gazette de Metz*.

On nous pardonnera d'entrer dans quelques détails sur cette affaire de journalisme local, parce qu'en prenant à la lettre le rapport de M. le président Serot, notre collègue, sur la candidature académique de M. Dommanget, on pourrait croire que celui-ci n'a jamais osé aborder les amertumes d'une plaidoirie de presse.

Le chef du parquet de la Cour était l'ancien avocat de Nancy, M. Bresson, qui jugea plus prudent de laisser son avocat général Henriot prendre la parole. Ce magistrat amovible commença par accuser les écrivains de la *Gazette de Metz* de se couvrir du voile de l'anonyme, de se cacher honteusement dans l'ombre pour décocher impunément leurs diatribes et leurs sarcasmes.

Il donna lecture des articles incriminés comme s'il retenait des envies de vomir et s'interrompant : Peut-on rien lire de plus dégoûtant?

Il arriva à la souscription d'une médaille d'or offerte à Berryer, acquitté après détention et poursuite aux assises d'Angers pour avoir été trouver en Vendée la duchesse de Berry. « Nous avons peine à con-
« tenir notre indignation. Il est impossible de prodi-
« guer plus de fiel, d'outrages et de calomnies. Vous
« lirez, Messieurs, il le faut hélas ! ces colonnes dé-
« goûtantes. La violence et la mauvaise foi, voilà le

« partage de la *Gazette de Metz*. Pour elle, rien de
« respectable, rien de sacré. Personne n'échappe à
« ses invectives !! »

Mᵉ Dommanget crut devoir répondre d'autant plus
froidement que l'organe de l'autorité avait été peu
mesuré. Ce fut une faute; notre collègue en convint
lui-même quand il m'eut entendu, en 1848, plaider
pour le *Courrier de la Moselle,* suppléant Mᵉ Grévy
qui n'avait pas pu venir à temps. On voit, me dit-il,
que vous avez été à la bonne école des avocats politiques de Paris qui ébranlent l'échafaudage fantas-
morique des arguments par les chiquenaudes et les
allusions à double entente qui égaient l'auditoire.

M. Dommanget détermina tout d'abord la situation
dans laquelle, d'après lui, se trouvaient les uns à
l'égard des autres les partisans de l'ancien régime et
les thuriféraires de la Révolution de Juillet. Les esprits étaient partagés en deux camps bien tranchés.
Les uns étaient pour la vieille monarchie héréditaire,
les autres pour une monarchie de nouvelle invention,
basée sur la souveraincté du peuple.

Reprenant la thèse soutenue par M. Parant en faveur du *Courrier de la Moselle,* M. Dommanget
soutint, les auteurs à la main, que la critique des
actes des ministres était un droit constitutionnel
donné à tout français par la Charte de 1814 et conservé par celle de 1830 ; et que le droit de publier
ses opinions par la voie de la presse était aussi ga-
ranti par la Constitution du moment que l'on s'en
prenait aux actes des ministres en laissant de côté
le roi.

Il y eut un mouvement dans la salle quand Mᵉ Dommanget, persifflant son contradicteur, osa dire : « La

« Charte de 1830 proclama le dogme de l'insurrec-
« tion nationale. Née de l'insurrection, elle n'en
« pouvait point proclamer un autre. Ce principe
« n'est pas celui qu'eut choisi la *Gazette de Metz,*
« mais peu importe, il est reconnu par la Constitu-
« tion. Je défie de nier que les conséquences im-
« médiates de la souveraineté du peuple ne soient
« que les opinions des Français ont le droit d'être
« répandues en dehors de leurs cervelles. Il ne s'agit
« pas de pousser le peuple à la révolte ; car, suivant
« nous, la révolte n'est jamais permise, mais la cri-
« tique de ce que l'on croit une erreur est non seu-
« lement autorisée mais encouragée par la Consti-
« tution.

« M. l'avocat général s'est montré bien curieux
« de connaître les noms des rédacteurs de la *Gazette*
« *de Metz.* Que lui importe ces noms? Cela tirera-
« t-il d'affaires le gérant? L'organe de la loi s'est
« bien gardé de nous le promettre. Ah! s'il l'eût
« fait, bientôt les auteurs des articles se montre-
« raient et vous sauriez, Monsieur l'avocat général,
« que si ces écrivains, que vous n'aimez pas, atta-
« quent le gouvernement que vous représentez, ils
« ne reçoivent rien de lui. » (Des bravos éclatent.)

Le président dut rappeler l'auditoire au calme,
il crut devoir définir ce que la loi et le bon sens en-
tendent par le délit d'excitation au mépris d'un gouvernement.

M⁰ Dommanget conclut que l'excitation n'est pu-
nissable que lorsque c'est par des faits inventés, par
des mensonges qu'on dénigre le gouvernement et
qu'on remonte jusqu'au Souverain.

L'orateur du parquet revint à la charge sur la nécessité de faire un exemple dans le pays messin, dernier refuge avoué du légitimisme aux abois.

M⁰ Dommanget se lève pour répliquer, et croirait-on que le Conseiller, un M. Prouveur ait méconnu ses devoirs de président d'assises jusqu'à dire devant un millier de personnes haletantes d'émotion : « Maître « Dommanget, je vous accorde la parole ; mais je « dois vous prévenir que la Cour a vu avec peine « que vous vous étiez écarté des faits de la cause ; « elle vous engage à vous y renfermer. »

Il faut que l'on sache aujourd'hui que ce magistrat était le fils d'un préfet. Son résumé de l'accusation et de la défense ne fut en réalité qu'un second réquisitoire.

A minuit, lorsque le jury rentrait, le soi-disant impartial Prouveur annonçait qu'il ferait arrêter sur le champ quiconque se permettrait des signes d'approbation ou d'improbation. Le gérant fut condamné à six mois de prison et trois mille francs d'amende.

La foule se retira en silence et fit la haie pour laisser passer respectueusement M⁰ Dommanget. Les avocats de tout âge et d'opinions diverses vinrent d'un mouvement unanime lui serrer les mains. Il était plus affecté que le condamné, M. Humbert, qui, au sortir de sa prison, s'en alla mourir à Sainte-Ruffine. C'est de ce dernier que nous tenons ces détails et bien d'autres restés inédits sur ce triste procès.

Si M⁰ Dommanget a éprouvé les aspérités de la carrière politique comme avocat, il en a aussi connu les satisfactions passagères. Il fut un jour de l'année 1837 appelé place Saint-Martin, près d'un ancien confrère qui avait été inscrit au barreau du parlement de Metz, le 6 Août 1789. Il avait eu pour client le bourreau Barré et lui avait fait reconnaître le droit, qui lui était contesté, d'être inscrit sur les listes des électeurs messins.

Cet avocat s'appelait Potot. Adjudant de la garde nationale de Metz, il prit part à l'affaire de Nancy où fut tué Desilles; je tiens ce fait de son compagnon de tente, un autre adjudant, mon grand-père Bodart. Au retour de cette expédition, Potot s'engagea. Il devint chef de bataillon. Blessé dangereusement en 1799, à Manheim, par la balle sortie du fusil d'un émigré français, Potot demanda sa retraite pour se faire prêtre. En 1825 il était le supérieur des missions du diocèse de Metz. En 1833 la Société de Jésus le comptait parmi ses membres. Potot se trouva le propriétaire nominal d'une partie des immeubles de cette Congrégation dont la personnalité n'était pas reconnue. Le père Potot venait de rédiger son testament. Il pria M. Dommanget de vérifier si cet écrit sauvegardait les droits de propriété des autres Jésuites. M. Dommanget lut et relut ce document qui le frappa, nous a-t-il dit, à la fois par sa pieuse bonhomie et par le style qui était remarquable.

Le 2 Mars 1837 mourait, place Saint-Martin, le père Potot, et sur sa tombe, au cimetière de l'Est, ses nombreux amis le firent représenter de grandeur naturelle, agenouillé, une jambe tendue. La tête sculptée par Deny, d'après le croquis d'un condisciple, mon professeur Thiel, passe pour être très ressemblante.

Les Jésuites avaient un buste de Potot. Ils en firent cadeau à M. Dommanget qui, lui, le légua à sa fille Léonie.

Quant aux affaires civiles, je ne veux point faire

l'énumération, qui serait trop longue, de tous les procès dans lesquels M. Dommanget porta la parole. Je citerai seulement l'affaire des usines de Carignan en 1854, le procès du testament Goffard en Ardennes en 1845, le procès en captation du testament de la dame Leclerc en 1851, où Me Dommanget eut pour contradicteur M. Billault (1), le futur ministre. Dans cette affaire, Me Dommanget eut à défendre le président Coulon, un des magistrats qui avaient siégé lors de l'inconcevable condamnation de la *Gazette de Metz.*

Parlerai-je du procès du testament du comte de Thémines où, en 1853, Me Dommanget plaida contre Me Bac, l'avocat de Madame Lafarge ?

Mais où M. Dommanget se montra une des gloires du barreau messin, c'est en 1844, quand il lutta contre un rude jouteur, un autre champenois, Me Chaix d'Estange, le célèbre avocat du procès Laroncière. Celui-ci venait attaquer en captation le testament de Remy Lolot, un oncle archi-millionnaire. Il revint en 1849 défendre contre Me Dommanget le testament d'Antoine Herbelot, ancien directeur du théâtre de Metz, attaqué par son neveu pour cause de captation de la part de sa seconde femme, Sophie Goëllo.

Les mémoires judiciaires que fit alors imprimer M. Dommanget se distinguent par une très grande clarté dans l'exposition des faits et par un ordre des plus méthodiques dans la discussion des points de droit. On peut les donner comme modèles, tout en reconnaissant que leur auteur n'a pas songé à faire une œuvre littéraire. On y chercherait vainement des

(1) Voir la notice biographique de M. le président Orbain.

effets oratoires. Nous signalerons, comme pouvant encore être lus avec fruit, les mémoires où M. Dommanget a traité les questions d'aménagement et de cantonnement dans certaines forêts de l'État de l'Est de la France et dans des bois communaux. En 1836 il publiait un travail à ce sujet pour la famille de Choiseul contre les communes de Faulquemont et Adelange, en 1841 pour la maison de Wendel contre la ville de Forbach, en 1842 pour les dames de Lafayette contre les villes de Revin et Rocroy, en 1842 pour la société des forges de Mouterhausen contre l'État.

Le 1er Juin 1843, M. Dommanget rentrait par la voie de l'élection au sein du Conseil municipal de Metz. Nous, messins, nous devons lui être reconnaissants d'avoir, le 10 Août 1844, provoqué le Conseil de notre cité à réclamer du duc de Nemours, qui se trouvait dans nos murs, un appui moral près du ministère pour la réalisation d'un projet de distribution d'eaux potables qu'on était en train d'élaborer. On n'avait pas encore imaginé de recommencer l'œuvre des Romains en remplaçant l'aqueduc de Jouy par le Pont-des-Morts et le Moyen-Pont. Le projet consistait modestement dans l'emploi d'une machine hydraulique qui aurait été installée au-dessus du Jardin-d'Amour. Du même coup on devait modifier l'usine des Pucelles que l'État dut restituer à la suite d'un procès qui ne dura pas moins de trente années.

Depuis la première République, le gouvernement français pense à édicter un Code rural. En 1855, chaque département fut appelé à faire connaître les *usages locaux* encore en vigueur dans cette circonscription territoriale. M. Dommanget fut chargé de recueillir ces renseignements avec l'adjonction de commissions cantonales. Il y eut un fiasco complet. M. Dommanget composa de lui-même une esquisse qui a été insérée en partie dans la *Revue des Communes* comme un des documents les plus complets reçus par l'Administration. En 1864, M. Dommanget était décoré de l'ordre de la Légion d'honneur.

M. Dommanget songea alors à occuper ses loisirs par des travaux littéraires. Il rédigea des articles pour la *Revue d'Austrasie*, il fut un des créateurs de la *Société d'histoire et d'archéologie de la Moselle*. Il composa de charmantes allocutions à la rentrée des conférences des jeunes avocats, dont il se faisait un devoir et un plaisir d'encourager les premiers pas, sachant, par sa propre expérience, les difficultés et les mauvais vouloirs qui découragent parfois au début de leur carrière les avocats qui n'ont pas de pères ni d'oncles magistrats ou avoués.

Nous cédons au plaisir de rééditer la plus émouvante des allocutions de M. Dommanget : « Aimez « votre profession — nous dit-il — avec la cons- « cience des devoirs qu'elle vous impose, mais que « votre esprit n'y soit point incessamment tendu. « Adoptez, s'il est possible, une occupation de re- « change pouvu qu'elle ne soit pas incompatible « avec la première. Cultivez les lettres qui, en éclai- « rant votre esprit, échaufferont et élèveront votre « cœur. Passionez-vous pour un art. Ce qui peut « n'être qu'un simple délassement dans le cours de « l'existence devient plus tard un refuge contre les « tristesses qui affligent les vieux jours. Et s'il éclate « des revers de fortune, si une révolution brise tout « à coup la carrière choisie, que les clartés jaillissent

« de l'étude des belles-lettres. Quel apaisement elles
« apportent à l'esprit ! »

Mᵉ Dommanget avait quatre-vingts ans quand il
tenait ce langage empreint d'une mélancolie non
dissimulée.

Il survivait à ses enfants et petits-enfants. Un de
ses fils, Edouard, admirablement doué comme dessi-
nateur, mourait en 1864, au fort d'Ivry, capitaine
d'infanterie et chevalier de la Légion d'honneur.
Grâce à lui, nous possédons un portrait très ressem-
blant de son père, qu'il modela en médaillon. Ce
médaillon m'a été légué par notre vénéré collègue
avec sa signature tracée à l'encre, au revers, sur le
plâtre. Il pressentait que j'écrirai sa belle vie.

Le 1ᵉʳ Décembre 1867 s'éteignait Madame Dommanget, après avoir été une vraie mère de famille,
une véritable épouse dans toute l'acception du mot.

Ce fut en 1867 que Mᵉ Dommanget plaida pour la
dernière fois. Il avait 81 ans !

Ses confrères continuèrent à le renommer bâtonnier de l'Ordre. Il fut réélu 14 fois depuis la fin de
l'année 1851. Il continua à travailler au *Recueil des
arrêts de la Cour de Metz,* qu'il avait fait réappa-
raître avec Ch. Abel et J. Poulet. Il en corrigeait encore les épreuves du dernier volume avec Ch. Cailly
au mois de Novembre 1870.

Le 30 Décembre 1870, Mᵉ Dommanget réunissait
au Palais de justice ce qui était resté d'avocats à
Metz, dans la salle de leur bibliothèque, et il leur
annonçait, les larmes aux yeux, que l'Ordre des
avocats messins n'existait plus.

Au mois d'Avril 1871 il quittait Metz, mais sans
avoir voulu recevoir nos adieux. Il allait à Sainte-

Menehould récolter les *fructus belli*. Il eut encore la force d'aller à pied visiter une forêt de sapins plantée par lui-même. Tous ses arbres avaient été arrachés, brisés ; M. Dommanget revint à Metz découragé, venait d'être publié le traité de Francfort. Il partit pour ne plus revenir le 1er Mai 1872, emportant sa bibliothèque et ses manuscrits. En passant devant le Palais de justice qui avait retenti de sa parole austère et loyale pendant 50 ans, il ne put s'empêcher de dire : J'emporte dans les plis de mon manteau l'histoire de la Cour d'appel de Metz et de son barreau. Je ne serai plus là pour applaudir à leur réinstallation. En 1814, nous avions aussi désespéré.... mais nous avions les Bourbons.

A la messe du Saint-Esprit, célébrée pour la rentrée du tribunal de Sainte-Menehould, marchait à la tête des avocats l'ancien doyen du barreau de Metz. Il s'était fait inscrire au tableau de l'Ordre en mémoire de son père et de ses oncles.

Le 7 Novembre 1872, Me Dommanget organisait pour les pauvres de la Champagne pouilleuse un bureau d'assistance judiciaire. Les séances se tinrent dans son salon et elles furent bientôt très fréquentées.

M. Dommanget n'avait qu'un bonheur, c'était de faire profiter les autres de sa vieille expérience et disons le mot propre, de sa science juridique. Il avait remarqué particulièrement, depuis l'invasion de 1870, combien les gardes ruraux avaient du mal à faire respecter les propriétés confiées à leur surveillance et notamment les forêts.

En 1873 sortait des presses de l'imprimerie typographique Duval, à Sainte-Menehould, un petit in-16 qui est devenu une rareté bibliographique portant ce titre : *Petit Manuel* ou *Instructions élémentaires à l'usage des gardes particuliers des bois et forêts,* par Dommanget, ancien avocat à la Cour d'appel de Metz. Il eut la bonne pensée d'en envoyer un exemplaire à la Bibliothèque de Metz pour montrer qu'il ne nous oubliait pas.

Pendant cinq années, M. Dommanget se donna le plaisir de rédiger une consultation gratuite presque chaque jour. Le 10 Février 1877, il écrivait la dernière.

Le 22 Mars il ajouta un chapitre à ses souvenirs, il concernait Adelbert de Chamisso.

Le 1er Avril, il fit le partage de ses manuscrits entre ses enfants et il écrivait à une de ses brus. Le lendemain, sur ses tablettes qui ne le quittaient jamais, il consignait cette note touchante : Je reçois le dernier Sacrement de l'Église.

Il prend un livre relié en noir, bien vieux, bien usé ; c'est ce qu'un pauvre curé de campagne, pour une consultation, lui avait offert, n'ayant que sa soutane pour toute fortune. C'était l'Imitation de Jésus-Christ, par Charlier de Gerson, un champenois aussi. Le pauvre prêtre y avait collé une image représentant le Fils de Dieu priant au Mont des Oliviers, derrière se lisait la prière de Madame Elisabeth. Le pieux, le brave père Dommanget la lisait souvent. Et en ce jour de printemps, ce bon vieillard élevait de temps en temps la voix pour répéter cette phrase :
« Affligez-moi donc, ô mon Dieu, tant qu'il vous
« plaira, mais daignez en même temps soutenir ma
« faiblesse ! »

Le 8 Avril, il se sentait mieux ; il donna à ses enfants le reste de ses manuscrits en accompagnant chaque cadeau d'un mot bienveillant comme il savait en prononcer avec cette voix si bien timbrée. Après cette distribution qui semblait le dernier fil qui le rattachait au monde, il passa toute la journée à prier silencieusement et depuis il ne parla plus.

Le 15 Avril, comme nous l'a écrit sa fille, supérieure de la Doctrine chrétienne à Morhange : mon père nous quittait pour aller à Dieu.

Il avait 91 ans, et il est mort peu fortuné après avoir plaidé depuis l'âge de 16 ans.

Ce fut bien là la fin d'un beau jour. Et nous pouvons bien appliquer à M. Dommanget, avec une certaine fierté, ces paroles de Montesquieu : Le plus bel éloge que l'on puisse faire d'un homme, c'est de pouvoir parler avec assurance de son honnêteté après sa mort.